探险家
ADVENTURES IN THE REAL WORLD

沉船魔咒

沉船
鬼船
弃船

The Story of
Doomed Ships

[英] 佩妮·克拉克 著

[英] 大卫·安契姆 图

宣奔昂 译

时代出版传媒股份有限公司
安徽科学技术出版社

［皖］版贸登记号：12161660

图书在版编目(CIP)数据

沉船魔咒 /（英)佩妮·克拉克著;（英)大卫·安契姆
图;宣奔昂译.--合肥:安徽科学技术出版社,2017.9
(探险家)
ISBN 978-7-5337-7342-7

Ⅰ.①沉… Ⅱ.①佩… ②大… ③宣… Ⅲ.①沉
船-儿童读物 Ⅳ.①U676.6-49

中国版本图书馆 CIP 数据核字(2017)第 195298 号

CHENCHUAN MOZHOU

[英]佩妮·克拉克　著

沉　船　魔　咒

[英]大卫·安契姆　图　宣奔昂　译

出版人：丁凌云　　　选题策划：张 雯　　　责任编辑：张 雯
责任校对：程 苗　　　责任印制：李伦洲　　　封面设计：武 迪
出版发行：时代出版传媒股份有限公司　http://www.press-mart.com
　　　　　安徽科学技术出版社　　　　　http://www.ahstp.net
　　　　　(合肥市政务文化新区翡翠路 1118 号出版传媒广场,邮编:230071)
　　　　　电话：(0551)63533330
印　　制：三河市南阳印刷有限公司　　电话:(0316)3654999
(如发现印装质量问题,影响阅读,请与印刷厂商联系调换)

开本：889×1194　1/16　　　印张：4　　　字数：100 千
版次：2018 年 5 月第 1 次印刷

ISBN 978-7-5337-7342-7　　　　　　　　　定价：48.00 元

目　录

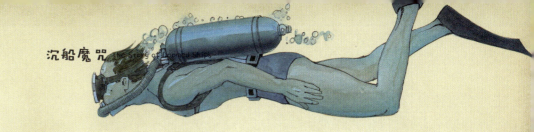

导　　　读

　　骁勇善战的西班牙无敌舰队，计划进攻英国，如意算盘却在海上湮灭；捕鲸船"埃塞克斯"号受抹香鲸攻击，最终沉没，却意外启发赫尔曼·梅尔维尔写下传世之作《白鲸》；"泰坦尼克"号，出航之前曾被称为"永不沉没之船"，却在首航途中遇上冰山，出师未捷身先死……它们无一例外，都没能逃过沉船的厄运。

　　搭乘时间的飞船，让我们一起来看一看古往今来的航海历险。战争、海盗、天灾、人祸……海上的险情千奇百怪，层出不穷。究竟是什么让这些船只沉没？是魔咒？还是……

为什么会沉船?

17 世纪的地球仪。

放眼波涛汹涌的大海——乱石穿空,惊涛拍岸,卷起千堆雪——不管多大的船,一旦航行到海上都显得那么渺小脆弱。在这样恶劣的环境里,船是如何做到不沉的? 这本书里介绍的正是那些遭遇天灾人祸而不幸沉没的船只。无论是现代的邮轮还是四千多年前的桨帆船,一旦碰上极端天气、器械故障,甚至不靠谱的船长和船员,都将遭遇灭顶之灾。集装箱船出现引擎故障,就好比帆船断了桅杆,都逃不出大海的魔掌。但幸运的是,如今发达的通信技术使海上搜救成为可能,这是古代的航海家所无法想象的。

弃船!

身为船长就要做到,船在人在!船毁人亡!

还好我不是船长!

作为战利品的军舰

海战中被击沉的军舰可比在暴风雨中失事的沉船多得多。全副武装的军舰最早出现在16世纪。把敌军的战船彻底击沉当然大快人心,但只要把船帆和桅杆打坏,就能把船当成战利品给拖走。

新大陆

克里斯托弗·哥伦布在1492年航行抵达西印第安群岛。后来,更多欧洲的探险家都来发掘这块黄金遍地的"新大陆"。他们一上岛,一眼望去全是堆满金银的寺庙和宫殿,于是他们就把财宝从当地人手中统统掠夺过来带回欧洲,献给组织航行的统治者。

导航工具

掠夺财宝可能轻而易举,但要把满船的财宝运回欧洲可不简单。1492年的人们差不多都知道地球是圆的,也有航海家开始尝试环球航行。乐观的哥伦布相信,大西洋的海风和洋流能帮助他们顺利抵达目的地,但要驶过几百万平方千米的海域,必须依靠导航工具来指明方向,比如航海地图、指南针、星盘、象限仪和十字测天仪等。航海家以太阳和星星为参照物,借用这些工具来判断船只的相对位置,从而制定出正确的路线。

星盘

象限仪

十字测天仪

1587年多佛尔海峡地图

FLANDRIÆ PARS

NORMANDIÆ PARS

MARANT

迷航

这些航海家和水手常用的工具使用起来比较复杂,精确度也不高。即使在最好的天气里航行,也会迷失航向,更别说遇上狂风暴雨了。所以这些船只和财宝很多都迷失海上,最后不见了踪影。

3

远古沉船

从地中海失事的古代船只上发现的钱币。

第一起船舶失事发生在什么时候？恐怕没人能给出答案，但考古学家却说，早在四千多年前就有船只在地中海航行。他们又是怎么知道的？当然是从失事船只留下的残骸里发现的。地中海海域相对平静，偶尔也有风浪。良好的海域条件使沿岸的人们扎根下来休养生息，这也促进了海上贸易的往来。

公元 200—250 年，一艘罗马的货船在意大利南部沉没。这艘船装运的墨玉大理石石棺产自小亚细亚(现在的土耳其)。

这条手链用非洲的宝石和英国或西班牙的真金打造而成，而在当时，这些国家都是罗马帝国的地盘。

"吉格里奥"号于公元前 750 年—公元前 500 年之间失事，船上装有乐器、陶器和铜制头盔。

名为"利西波斯"的希腊商船上装载的雕塑如今陈列在美国的保罗·格蒂博物馆之中。

1907 年在突尼斯马赫迪耶附近发现的沉船上，装有大理石柱和雕像。

意大利

地中海

利比亚

罗马桨帆船

公元1世纪的罗马桨帆船

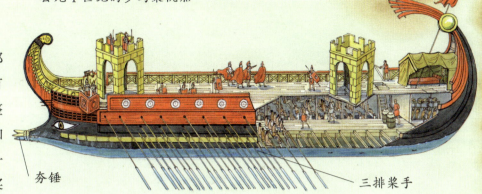

地中海区域早期的航船都是桨帆船,靠人力划水前进。有些桨帆船装配有船帆,用来调整航向,也能在顺风时借助风力加快船速。罗马桨帆船(右图)是一艘战舰,船两侧都可容纳三排桨手,船头在水下装有夯锤,可攻击和破坏敌船。

夯锤

三排桨手

阿提密西安海角战舰在沉没上千年后于1927年重见天日,考古学家从里面找到一座精致的青铜像(右下图)。

黑海

土耳其

装有工具、台灯和金币的"亚细·阿达"号于公元625年左右失事。

"塞尔斯利马尼"号于公元1000年在马尔马里斯(如今的土耳其)失事。

这座青铜像(下图)的原型是希腊海神波塞冬或者众神之王宙斯。它在阿提密西安海角战舰的残骸中被发现,现藏于雅典国家博物馆。

希腊

失事的罗马桨帆船于1900年在希腊南部海岸被发现。

于公元前1200年前后失事的"腓尼基"号装有青铜和紫铜。

埃及

罗马沉船

两千多年前的罗马商船。

两千年前,地中海周边来往的商船很多。而一到冬天,海上就会狂风大作,十分危险,所以商船一般选择春夏两个季节出航。但即便如此,也还是有很多船只失事,可见恶劣天气并不是导致沉船的唯一原因。船员航海技术不精,船只不适航或者过载都会导致沉船。对身处船上的人来说,沉船失事毫无疑问是一场灾难。但对几百年后发现沉船的考古学家来说,沉船可是他们发现和解密历史的资料库。目前我们从沉船中获得的关于罗马船只和贸易的信息可比从顺航的记载里了解到的多得多。

海浪高,风险更高!

贸易和交通

从这幅罗马商船的剖面图里可以看到货物是如何装在船上的。弧形的(类似球状的)船身能增大存储空间。这样的商船往往只沿岸航行,不会驶离太远。

双耳细颈赤陶罐

萨姆斯陶器

弧形船身

舶来品

罗马商船的失事残骸里经常能发现油灯(右图),这些油灯产自意大利、法国和非洲,之后出口到罗马帝国。

油灯

这幅地图展示了当时在罗马帝国流通的商品和它们的产地。橄榄油和酒一般都盛在双耳细颈赤陶罐(上图)里运送。陶瓷在当时是富人才能消费的奢侈品,尤其是法国的精品萨姆斯陶器。爱看热闹的罗马人还从北非和叙利亚进口了大量的狮子,让角斗士和它们搏斗,后来那儿的狮子都快灭绝了。

法国

罗马

北非

维京沉船

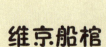

9世纪初"奥塞堡"号的船头。

考古学家发现，比哥伦布抵达西印第安群岛还要早四百年的时候，维京人就已经到过北美洲了。维京人都是航海的好手，常年在欧洲西北沿岸出没。11世纪早期，他们甚至沿着泰晤士河把船开到了伦敦，对其大肆进攻。因为来自北方(north)，人们称他们为诺斯曼人(Norsemen)或者诺曼人(Normans)。诺曼底(Normandy)就是他们曾经在法国的占领区。1066年，诺曼底公爵威廉渡海入侵英国，开始了历史上著名的"诺曼征服"。

格陵兰岛

"斯坦加弗里"号于1189年在格陵兰岛附近沉没。

"奥塞堡"号实际上是一副船棺，里面埋着一个维京女人，在1903年被人发现。船棺被土石掩埋得十分紧实，密不透风，因此里面很多陪葬品都很好地保存了下来。

维京船棺

一些现存的维京船只其实是埋葬重要人物的船棺。当时的人们把死去的人抬到船的甲板上，在尸体周围摆放好陪葬品，最后用石头和泥土把船棺掩埋起来。

1957年，潜水员在丹麦的罗斯基勒峡湾探索维京船只。

公元 982 年，一个名叫埃里克·托瓦德森的维京人被驱逐出冰岛，后来在 986 年左右他发现了格陵兰岛，就在那里定居下来。

奥拉夫主教的船装载着海象制品等贵重货物，可惜在冰岛附近沉没。

"菲法"号和"雅尔普"号上装有来自挪威卑尔根的货物，于 1151 年在谢德兰附近失联。

冰岛

"昂比雍"号于 1125 年在格陵兰岛东海岸失联。

奥塞堡号

挪威

哥斯塔号

由挪威驶向冰岛的"弗洛西"号由于过载而沉没。

北海

北大西洋

发现两艘船的地方。

斯茅斯沉船。这艘船于 1100 年左右在威尔士的海岸边触礁沉没。

公元 625 年的萨顿胡船棺于 1939 年被发现。

维京船只经常向南航行到拜占庭帝国的首都君士坦丁堡（现在的伊斯坦布尔）进行贸易往来。

维京人经常航行到地中海地区，但并不都是从海上走。他们曾沿着欧洲的大河向南航行到达黑海。

这张地图展示了目前为止所有失事的维京船只和当时的海上贸易航线。维京商人经常拿琥珀、兽皮和咸鱼换取丝绸、香料和黄金。

地中海

陆上船棺

躺在柴堆上即将被火化的维京首领。

并非所有维京船只都毁于海上——有些船成了逝世将领的船棺,最终被火化。公元922年,阿拉伯旅行家伊本·法德兰就在俄国亲眼看见了船棺的火化。将领的马匹、爱犬和奴隶都被杀死放到船上,最后跟死者一起被火化。

陆上失事!

哀悼者

死者

奴婢

帐篷

奴隶陪葬

被选中来陪葬的奴隶(一般是将领的女仆)别无选择,只能接受命运的安排。

根据当时的传统,第一个把手里的火炬扔向船棺的人必须是一个裸身的男人。

被献祭的动物

将领的家人和随从围拢在船棺旁,等到火焰燃起时,他们就把手里的火炬扔到船上。

考古学家发现,用作船棺的船只大多不适宜出海航行。相对老旧的船只才用于火化。

简单土葬

只有重要人物才有资格使用正式的船棺。一般人只能葬在小船或者外形像船的坟墓里。大多数人则葬在用木头围起来的深坑里。在艰苦的生活条件下，很多人甚至会在冬天活活饿死。男人扬帆出海，战场杀敌，外出打猎，甚至在造船时都无时无刻不面临着危险，几乎没人能活过45岁。女人会因为难产不幸去世，但如果分娩顺利的话，她们或许能活到50岁。

有地位的维京人才能用船棺土葬或者火葬。

兽皮

波斯陶器

玻璃瓶/杯

香料

火盆

陪葬品

将领生前喜爱的物品都被拿去作了陪葬品，供他在另一个世界使用：兽皮用来保暖，丝绸用来制衣，玻璃容器、金属火盆和珍贵香料用来准备三餐。

"夺命天使"

"夺命天使"

身着黑衣的老妇，即"夺命天使"，在杀死奴隶后拿着刀离开墓地。

11

渐行渐远

15世纪的指南针。

哥伦布横跨大西洋，让人们看到了远洋探险的可能。"新大陆"的奇珍异宝更是让欧洲的统治者不惜重金派更多人出海。领航前行的正是15、16世纪欧洲最强大的两个国家——西班牙和葡萄牙。但是从地图上不难发现，这样的航行从来都不是一帆风顺的。因为那时还没有海图（航海地图），船员无法判断礁石的位置和洋流的走向。等到瞭望员发现有危险时，往往来不及改变航向了。

欧洲

1673年，装着珍珠、琥珀的葡萄牙大帆船"朱尔斯"号在从印度果阿返回里斯本的途中失事。

南大西洋

1559年，从印度返回的"弗拉门戈"号在西非的圣多美附近失事。

礁 石 出 没 ！

你不是在瞭望台守着吗！

我哪看得见水下的情况！

亚 洲

1609年，"上帝之母"号的船长为了不在日本的长崎成为俘虏，把自己的船引爆了。

16、17世纪，广东是中国的贸易大港口。

1618年，装满黄金和香料的"帕萨英"号在印度海岸沉没。

1511年，"海之花"号载着从马六甲掠夺来的货物，在驶往印度途中沉没。

非洲

印度洋

1561年，东印度商船"圣保罗"号在苏门答腊海岸的暴风中失事。

1590年，另一艘东印度商船"好耶稣"号装着一船硬币，在从果阿到里斯本的途中触礁。

1589年，漏水严重的"圣多美"号从科钦离港后不久就失事了。船上上百人遇难，仅有部分人乘大划艇逃生。

1601年，一艘装着银币的船在往来于果阿和澳门的途中沉没于关东附近。

1512年，弗朗西斯科·塞朗的商船装着硬币在马六甲海峡和香料岛之间沉没。

1593年，"圣阿尔伯托"号装着金银从印度的科钦出发，但因为过载而失事。所幸失事地点靠近岸边，船上的货物多数被抢救回来了。

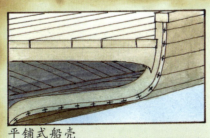

平铺式船壳

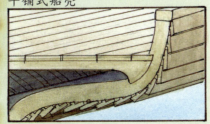

搭接式船壳

平铺还是搭接？

左边两张图片展示了两种不同类型的船壳。多数地中海船只都是平铺式船壳，木船板的长边相互紧贴，没有重叠。北欧的船只都是搭接式船壳，船板搭叠在一起。外壳平整的平铺式船体受到的阻力较小，船速更快。

13

征途险峻

早期的航海探险家在扬帆起航之前就面临着诸多问题。哥伦布花了好几年才凑齐出海的经费。船只和船员都不好找——一般只有走投无路的人才会登船去探索陌生的海域，这种出行很多时候恐怕都有去无回。

16 世纪的
西班牙大帆船。

狂 风 暴 雨

有人落水！
不止一个！

麻雀虽小

15 世纪的航船都很小：哥伦布最大的"圣玛利亚"号仅有 29 米长。船这么小还能经受住海上的大风大浪然后顺利返航，足见船长和船员的航海技艺是多么精湛！

麦哲伦的厄运

　　1519 年 9 月，葡萄牙航海家麦哲伦率领舰队向西环球航行，但在途中遭遇暴风的袭击。一艘船在海上沉没，另一艘粮船被迫返回西班牙。

填补海图空白

　　这张海图绘制于 1480 年前后。从中不难看出，当时欧洲人对世界其实所知甚少。地中海地区的面貌已经描绘得颇为精确；非洲的西海岸也是如此，葡萄牙人从 1418 年开始就到那里进行各种探索。除此之外的其他地方都是一片模糊。海洋地图被称作海图，早期的航海家也确实到过海图上的"空白区域"。

寻觅财富踪迹

　　既然航海如此危险，为什么还有人肯花那么多钱派人造船出海？当然是为了赚更多的钱！通过亚洲大陆进口的香料能在欧洲卖出相当高的价钱。所以在当时，欧洲人希望通过航海摸清通往东方香料产地的航线，让更多香料更快地进口到本土。1492 年，当哥伦布抵达美洲大陆时，他还一度以为自己来到了亚洲和印度群岛——香料的产地、财富的源头。

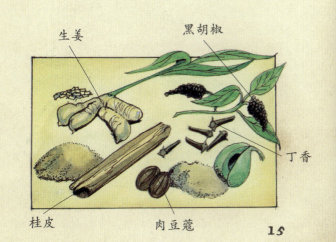

生姜　黑胡椒　丁香　桂皮　肉豆蔻

"玛丽·罗斯"号

乔治·卡鲁爵士，亨利国王的海军中将，随"玛丽·罗斯"号一同葬身大海。

野心勃勃的统治者才不关心航船和船员的死活。其中，野心最大的要属英格兰国王亨利八世（1509—1547）。为了战胜像法国国王路易七世这样的对手，亨利八世在1509年命人造了两艘军舰——"玛丽·罗斯"号和"哈利"号。这两艘船分别配置了约80门大炮来攻打敌船。而在这之前，军舰最多用来输送部队。

战争财富

"玛丽·罗斯"号上装着大量的金币。一个金币的价值甚至比一个海员的月薪还高。

"玛丽·罗斯"号于1511年下海，是英国舰队的旗舰。在战船两侧设置炮门进行射击，这在当时是一项革命性的技术。早期的大炮射击并不精确，有时甚至还会自爆。炮门的应用使英国海军具备了极大的优势，不过这项技术很快就被别国抄袭了。

雄 伟 军 舰

后桅帆

船尾楼甲板

船尾楼

船尾

给我把大炮装上！越多越好！

陛下，您着什么急……

后桅

观测台

主中桅

前中桅

前桅

主桅

防护网

船首斜桁

斜杠帆

船首楼

船首楼甲板

船头

露天甲板

火炮

炮门

主层火炮甲板

下层甲板

龙骨

越大越好?

　　1536—1540 年,"玛丽·罗斯"号和"哈利"号经过整修,新增了火炮甲板来容纳更多士兵,但也因此变得"上重下轻",这样更容易发生危险。

重见天日

都铎时期的
微型日晷。

新增的火炮甲板成了"玛丽·罗斯"号的
噩梦。1545年7月19日,即将出征法国
的"玛丽·罗斯"号在驶出朴次茅斯港口时,
船身突然向一侧倾斜,导致海水通过炮门倒
灌进船内。亨利八世就只能眼睁睁地看着自
己的旗舰沉没。船上700名船员多数丧生。

淤泥和海水灌入"玛丽·罗
斯"号,淹没了整条船。随着时
间流逝,这场不幸的失事也被
人们淡忘。但在1968年,潜水
员发现了船只的残骸。随后,考
古学家出土了上百件文物。这
其中既有顶针和梳子(左图),
也有火炮(右图)和锅具。

炮膛　铁制炮筒
圆形石弹
铅制弹模
方弹
火药桶
铜制前膛式火炮

修甲工具　香囊口罩
顶针
梳子
骨制掏耳勺

我的船!
好可惜!

"玛丽·罗斯"号船医和他的
药箱以及医疗器械。一同被发现
的还有他的皮帽。

船医

淤泥很快把"玛丽·罗斯"号埋入海底，于是船上所有东西都完好地保存了下来。一个比较新奇的发现是船医的药箱——里面居然还有手术前用来打昏病人的木槌！要知道，麻醉技术得等到四百年后才出现。当时的船医一般也是船上的理发师。

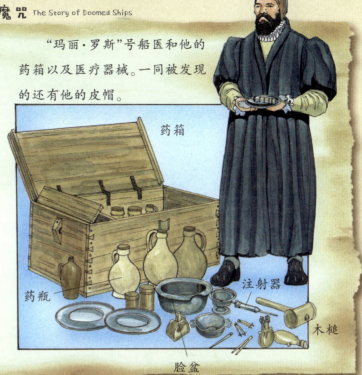

药箱

药瓶

注射器

木槌

脸盆

就这么沉了！

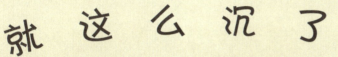

"玛丽·罗斯"号怎么会突然倾斜？狂风突袭？急转弯？没人知道。我们只知道这艘船的船长乔治·卡鲁爵士随船殉职了。

船上的动物

船上其实还有很多跳蚤、老鼠和虱子，甚至还有一只青蛙——考古学家发现了它们的残骸。有青蛙就说明船上的饮用水应该是淡水！

无敌舰队

刻有伊丽莎白一世肖像的奖章。

西班牙国王菲利普二世对英格兰颇为不满，当时英国频繁攻击他从美洲返航的珍宝船。此前，弗兰西斯·德瑞克率军摧毁了加迪斯海港的西班牙船只。而英格兰也不再受菲利普的妻子玛丽一世的统治，不再信奉罗马天主教。1558年，在伊丽莎白一世统治下的英格兰立新教为国教。正因如此，菲利普才发动对英海战，派出史上著名的西班牙无敌舰队。然而并不是所有计划都能顺利进行。

受到暴风雨和英军的双重夹击，不少西班牙船只都失联了。装配着32门大炮的"朱莉安娜"号在爱尔兰的海岸沉没。

"特立尼达·巴伦西亚"号是一艘改造的粮船，在爱尔兰的西海岸沉没。

"拉塔·安高罗娜达"号也在爱尔兰西海岸失事，但很快就被当地人掠夺。

菲利普二世原本打算让他的无敌舰队沿着英吉利海峡上行，途中经过低地国家时接收军队上船，然后发兵侵略英国。从右边的地图可以看到，他的计划一败涂地。

哪有划船那么简单！

看来又失策了！

沉船厄运 The Story of Doomed Ships

藏身于苏格兰托伯莫里海港的一艘西班牙大帆船发生爆炸。

"大狮鹫"号到达了爱尔兰，但被暴风吹回设得兰后沉没。

"圣费利佩"号在英吉利海峡战斗后意外地驶入了沙洲。

苏格兰

爱尔兰

威尔士

英格兰

伦敦

英吉利海峡

加来

"罗莎的圣玛利亚"号在爱尔兰西面触礁，菲利普二世的儿子也在船上。

"乌尔加·嬗希娅"号经受了大西洋暴风雨的考验，却在桑坦德海港翻了船。

西班牙舰队的医船"圣佩德罗"号在普利茅斯附近失事，后来被人掠夺。

法国

葡萄牙

菲利普二世于1580年占领葡萄牙，并在里斯本海港组建无敌舰队。8年后，舰队出征。

西班牙

里斯本

英国策略

英国海军上将
弗兰西斯·德瑞
克——西班牙人眼
中的"海上蛟龙"

英国的战舰普遍比西班牙小，但同时也更灵活，易于操控。西班牙舰队以月牙形的队列行驶在英吉利海峡上，英国人要强攻他们根本不可能，因而只能想办法智取。1588年7月27日，西班牙舰队停靠在法国的加来港口。而英军紧跟其后。第二天晚上，英国人悄悄地把火攻船开进密布的西班牙舰队当中，打得他们措手不及，仓皇逃窜。

西班牙军官

西班牙当时有六艘三桅帆装军舰（既有桨又有帆的军舰），这些战舰在平静的地中海都能顺风顺水，但一来到风雨交加的大西洋就寸步难行了。军官和督查（上图）负责监督桨手。桨手不参加战斗，还会占据原本可用来安置大炮的空间。而英国没有三桅帆装军舰，他们只有普通军舰。

火 攻 船

在海战中用火攻是相当危险的。必须打入敌人内部，点燃长长的导火索，然后快速逃跑。

"皇家方舟"号帆船

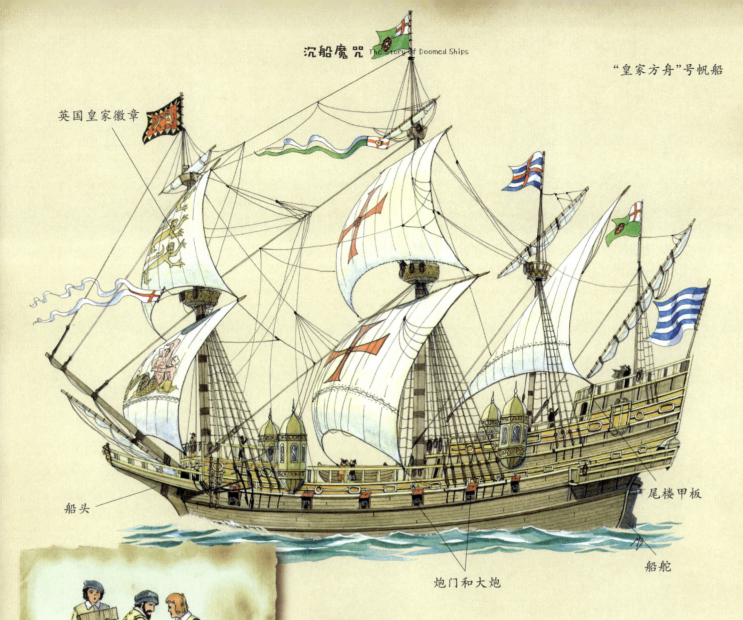

英国皇家徽章

船头

尾楼甲板

船舵

炮门和大炮

组装大炮

海战先锋

训练有素的船员是在海战中取胜的关键。负责管理大炮和炮兵的船员名叫炮手长。上膛和开炮的速度越快，摧毁敌船的希望就越大。海战往往十分嘈杂混乱，大炮发射和爆炸时产生的烟雾也会阻挡人的视线。

轻便帆船

在"玛丽·罗斯"号的悲剧发生之后，英国的战船重量变轻，高度变低，大大减小了在狂风中侧翻的风险。这些帆船是16世纪最重要的商船和战船，例如英国海军用来对抗西班牙无敌舰队的旗舰"皇家方舟"号（上图）。

图为1588年英国海军攻击西班牙舰队的场景。

灭顶之灾

无敌舰队的士兵。

遭到英军火攻的西班牙无敌舰队乱成一团，根本无法从英吉利海峡原路返回，因为英国人早就把它堵了起来。之后海上刮起了狂风。在狂风、巨浪和敌军的三重打击下，西班牙舰队败北，只好航行到英伦三岛。不少船只都在途中失事。

失事

西班牙海军其实是航海能手，从1488年到1588年，整整一个世纪，他们都没在大西洋上出过事故。但他们对英国北部的海岸并不熟悉，结果，成百上千名西班牙士兵因在这里遭遇海难而丧命。

全部冲走

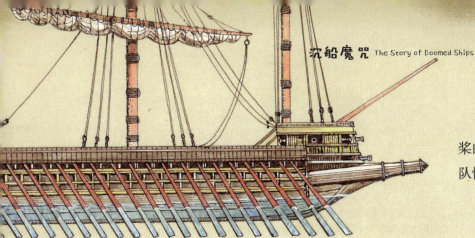

西班牙舰队的六艘三桅战舰既是有桨的战船，又是有帆的航船。但在无敌舰队惨败之后，它们就被放弃不用了。

领导无方？

菲利普国王选择梅迪纳·西多尼亚公爵作为舰队的统帅确实是个错误。海上的暴风雨和像弗兰西斯·德瑞克爵士这样的英国水手让他如临大敌。但他成功地把舰队的旗舰"圣马丁"号和另一半船只领回了葡萄牙的里斯本。

"圣马丁"号

西班牙的幸存者

"赫罗纳"号在爱尔兰北海岸的邓卢斯撞上岩石，船毁帆断。沿岸居民纷纷来到失事船只上搜刮财物。很多在这次海难中幸存下来的西班牙士兵没能再回到故乡，就在英国定居了下来。那些传说中皮肤黝黑、相貌帅气的外来陌生人不会就是他们吧？

海盗失事

海盗船的标志性旗帜：一个骷髅头和两柄交叉的剑。

海盗并不好当。他们不仅要对付波涛汹涌的大海，还要提防无处不在的敌人，因为他们不效忠于任何人。这么说，人们（大多是男人）为什么还要选择当海盗呢？钱财、贪婪、刺激、自由——总归逃不出这些因素。除了海盗，还有另外一群很像海盗却又不是海盗的人——私掠者。这些人也会劫掠过往船只，但他们的所作所为都得到了统治者的准许（统治者往往睁一只眼闭一只眼）。

恶棍，还是英雄？

判断一个人是海盗还是私掠者就看你站在哪一边了。对西班牙人来说，弗兰西斯·德瑞克就是海盗，因为他不断劫掠他们的珠宝船。而对英国人来说，他的行为受到了女王伊丽莎白一世的支持，所以只是个私掠者，是个英雄。

1589年，一艘西班牙船只被坎伯兰伯爵截获后撞上了康沃尔悬崖。

海盗山姆·贝拉米的"维达"号于1717年在科德角沉没，船上装有金银。

海盗亨利·摩根的旗舰"牛津"号于1669年在西印第安群岛爆炸。

东方最富裕的珍宝船"查格斯"号于1594年被英国海盗击沉。

装载着金银和珍珠的"我们的领路人"号在亚速尔群岛附近被英国海盗击沉。

1669年，亨利·摩根击沉了"玛格达莱纳"号，还捞起了船上的15000枚硬币（一共40000枚）。

1681年，"罗萨里奥"号在驶往巴拿马的途中被英国海盗截获。海盗误以为船上的白银是金属锡，就把货物留在了船上。

啥！金船呢？

欧洲

南大西洋

南美洲

26

黑胡子

玛丽·瑞德

安·波尼

亨利·摩根

　　"黑胡子"爱德华·撒奇长期霸占着西印第安群岛和美洲东部沿海一带。1718年，他的船被扣押，他本人被斩首，他的手下都被处以绞刑。

　　玛丽·瑞德女扮男装参军，但军队生活太过无聊，她就上了号称"卡里克·杰克"的莱克汉姆的贼船。杰克的妻子安·波尼也习惯乔装成男子。杰克在1720年被捕并绞死，两个女人则被囚禁。

　　海盗亨利·摩根在西印第安群岛攻击西班牙船只。但当时英格兰和西班牙处于和平友好状态，于是国王查尔斯二世就逮捕了他。等到两国关系破裂，查尔斯居然封他做了西印第安群岛的官！

亚　洲

　　16世纪的巴巴罗萨兄弟率领的巴巴瑞海盗长期在北非沿海地区肆虐。

　　1800年，法国私掠者罗伯特·速科夫登上一艘名叫"肯特"号的英国商船，并把船上的真金扔到了海里。

非　洲

阿拉伯海

中国南海

　　"撒玛利亚"号是一艘私掠船，于1635年驶往印度洋，在科摩罗岛附近沉没。

　　"说话者"号是海盗约翰·鲍文的船，于1702年在毛里求斯失事。生还者给了岛上官员2100八里尔银币才得以脱身。

　　1689年，法国私掠者把装有白银的东印度商船"赫尔伯特号"炸毁。

　　1407年，中国航海家郑和在苏门答腊岛海岸攻打陈祖义的舰队时把敌船击沉了。

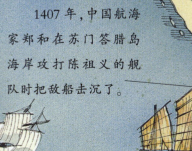

27

小心海盗

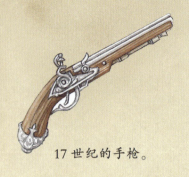

17世纪的手枪。

自古以来，有商船经过的地方几乎都有过海盗。在地中海东部，考古学家还打捞到了3000年前被海盗击沉的船只。海盗在17和18世纪的加勒比海最为猖獗，很多从美洲驶往欧洲的珍宝船都在那里遭过殃。现在海盗在远东地区还是一个严重的问题，他们在那里驾驶着高速快艇，用枪炮攻击油轮等过往船只，劫持船只和船员换取赎金。

易于藏身

在各种类型的船里，海盗尤其喜爱小型的护卫舰。这些船长10米到20米，最多能装配12门大炮，装载150名船员。这些船最大的优势就在于船身很浅，因此能够轻而易举地藏身到小的海湾和水湾中而不被大船发现。

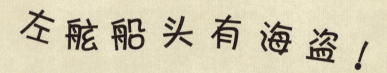

皇家沉船

"瓦萨"号上的雕刻。

在 1628年，距离英格兰的旗舰"玛丽·罗斯"号失事已经83年了，但瑞典海军没想到，相同的悲剧竟会降临到他们头上。眼看"瓦萨"号就要扬帆起航，岸上的人们欢呼雀跃，可还没多久人们就惊恐地发现船正向一侧倾斜，随后完全沉入了斯德哥尔摩海港。"瓦萨"号太窄太长了，上下甲板又布满了大炮，因而就又出现了"上重下轻"的状况。1961年，"瓦萨"号被打捞起来，浮出水面，海底的淤泥将船相对完整地保存了下来。如今，"瓦萨"号是世界上唯一一艘完整的17世纪战舰。

哈雷的潜水钟

人在水下工作的同时也需要空气来维持呼吸。1690年，埃德蒙德·哈雷发明了潜水钟，可以把空气存储在里面，然后将潜水钟沉到水底，通过管道将空气输送给在海底的工作人员。

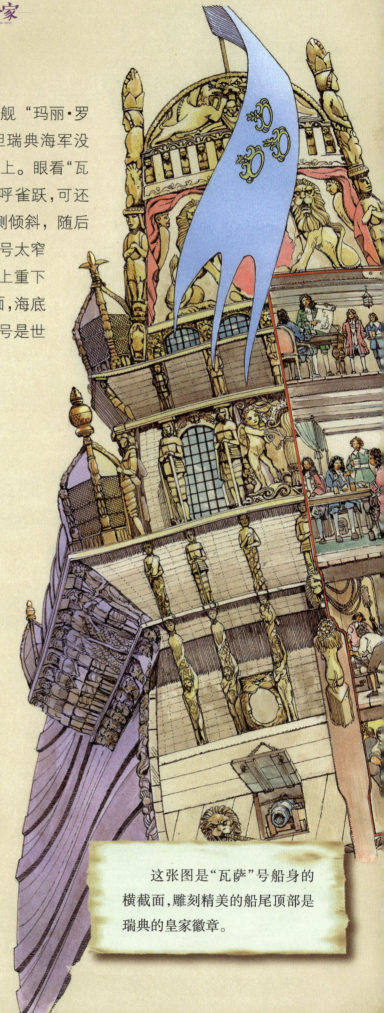

这张图是"瓦萨"号船身的横截面，雕刻精美的船尾顶部是瑞典的皇家徽章。

新科技，新发现

哈雷的潜水钟是人类迈向现代潜水技术的第一步。1819 年，奥古斯·西比发明了潜水服（右图）。用泵把空气压入潜水头盔里，海水就不会倒灌进潜水服。随着技术发展，潜水员能够去往海底更深处执行工作。正因如此，考古学家才可以在水下考察和发掘像"瓦萨"号和"玛丽·罗斯"号这样的沉船，然后再考虑把整艘船打捞起来。沉船一旦浮出水面，考古学家就会在船的表面喷涂上防腐材料，用特殊的方法把船保存起来，防止木材变松和腐烂。

奥古斯·西比的潜水服。

"瓦萨"号战船由瑞典国王古斯塔夫·阿道夫（1611—1632 年在位）命人建造。船的两层甲板上配有 64 门大炮。最初船沉的时候曾有人想把它打捞起来，但没有成功，于是"瓦萨"号就这样被遗弃了。

1956 年，"瓦萨"号从 33 米厚的淤泥下被挖掘出来，重见天日。船上大约 16000 件物品和几副士兵的骸骨被保留了下来。

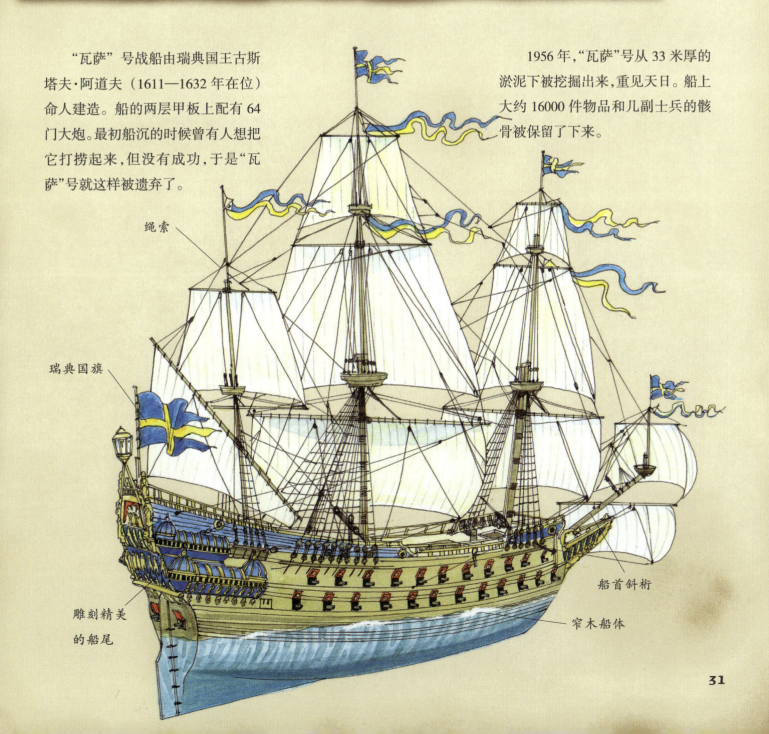

绳索

瑞典国旗

雕刻精美的船尾

船首斜桁

窄木船体

31

金银财宝

英国东印度
公司的徽章。

1 6世纪的西班牙不仅是海上霸主,而且与美洲大陆的贸易往来频繁。但到了17世纪,海上的霸权转移到了荷兰和英国手里,他们的贸易主要集中在远东地区。英国人于1600年成立了一家东印度公司;过了两年,荷兰人也紧跟其后。这些公司有着巨额的盈利,使用的是东印度商船。这些船把金银铜等贵重金属,以及布料、手表和枪支从欧洲运到印度,再把香料、丝绸、地毯、宝石和茶叶运回欧洲。

动弹不得!

1737年,丹麦的东印度商船"维德拉"号在设得兰群岛附近失事。

1749年,"阿姆斯特丹"号在英格兰的黑斯廷搁浅。

1798年,"哈特威尔"号在去讨伐叛变者的路上在维德角群岛失事。

北海

欧洲

1805年,"不列颠尼亚"号从巴西起航,但在途中触礁沉没,仅有一人生还。

用船运载火药十分危险。1800年,"皇后"号在巴西的巴伊亚附近爆炸。

看这船多稳啊,一动不动!

南大西洋

1613年,葡萄牙船只炸毁了装着钻石和瓷器回到欧洲的"白狮"号。

1749年,荷兰的商船"阿姆斯特丹"号首航(也叫作处女航)就在英国的黑斯廷搁浅。

中国的瓷器

草药和香料

东方韵味

　　正是这些香料吸引了欧洲人前赴后继来到东方，成为东印度贸易的基础。中国的瓷器也很受欢迎，在当时的欧洲还是一种高价奢侈品。

亚洲

1791 年，"弗雷德里克·阿道夫"号载着 39 箱白银在中国南海沉没。

1772 年，"来斯堡"号在中国海域遭到台风袭击而沉没，船上的白银被打捞上来，但有 8 名船员被鲨鱼吃了。

非洲

1792 年，"温特顿"号受季风影响在马达加斯加触礁。

1725 年，"莱文斯坦"号在马尔代夫失事，9 个货箱被救起。

阿拉伯海

中国南海

1752 年，"海尔德马尔森"号沉没，船上的瓷器在 200 年后才被捞起。

1744 年，"圣葛林"号在毛里求斯失联。

澳大利亚

印度洋

1681 年，装着法国国王路易十四的奢侈品的"东方太阳"号在马达加斯加沉没。

1629 年，"巴达维亚"号被风吹到澳大利亚西岸的岩石上而失事。

1782 年，装着东印度公司珠宝的"格罗夫纳"号在非洲附近沉没。

东印度商船

18 世纪的东印度商船。

东印度商船承担着欧洲和远东之间贸易往来的责任，因为载着贵重货物，所以必须像战船那样全副武装。1804年，英国海军准将纳撒尼尔·当斯率领的由16艘东印度商船和12艘小船组成的船队途中受到了法国政府战船的威胁。还好当斯成功地赶走了他们，把船队安全护送回英国，他自己也成为民族英雄。

生意不白做！

东印度商船可不仅仅是商船——它们更是名贵的轮船。船上军官的居住区比其他船舒适很多，船员的伙食也很不错。顺利完成航行的奖励也很诱人，所以大家会想尽一切办法赶走海盗。

18 世纪的东印度商船的剖面图。

船员仓

深船体有大量空间用来存储货物。

货仓

茶叶搬运工
的模型

239

从港口搬运茶叶到船上的东方工人对欧洲船员来说再熟悉不过了。茶叶在 18 世纪尤其贵重，在当时的欧洲是一种时髦的饮品。图中这个模型就是当时茶叶贸易的缩影。

图为 17 世纪驶往"新阿姆斯特丹"的航海路线。"新阿姆斯特丹"是荷兰在美洲的殖民地，也就是现在的纽约。

华丽设计

船尾即使没有雕刻装饰，船也能行驶得很好。但在这艘名叫"威廉王子"号的荷兰商船上，船尾的设计反映着民族的自豪感。

救生船也被用作羊圈来养羊，为船员提供新鲜的羊肉。

如果桅杆被毁坏，船就无法航行，也更容易受到敌人攻击。因此船上往往备有用作桅杆的木材。

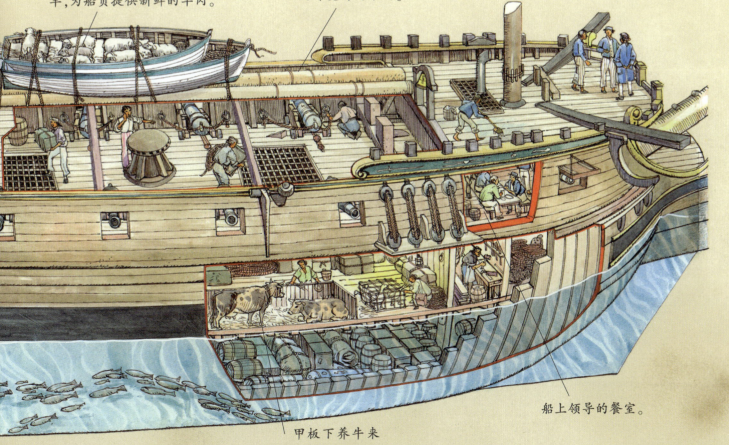

船上领导的餐室。

甲板下养牛来
提供新鲜牛奶。

革命战火

18 世纪的战船。

18世纪末的欧洲和北美洲被战争和革命的硝烟笼罩。1776年，英国在美洲的殖民地宣布独立。英国和殖民地以及支持殖民地居民的法国开战，最终英国战败。1783年，英国承认美利坚合众国独立。

1789年，法国国内爆发革命，与英国的另一场战争也一触即发。海军对保护商船至关重要。但尽管有高效的船队护卫系统，很多船只仍然难逃厄运。

北 大 西 洋

北 美 洲

1763 年，配有 28 门炮的小型护卫舰"轻骑兵"号停泊在纽约附近，之后顺水漂流，触礁沉没。

1798 年，配有 14 门炮的小型护卫舰"德布拉"号在特拉华附近沉没，船上无人生还。

布什内尔的海龟潜艇

1776 年，美国人戴维·布什内尔发明了史上第一艘潜艇。在美国独立战争期间，海龟潜艇试图把炸药装到英国皇家海军舰艇"老鹰"号上。但偷袭并没有成功，因为英国舰艇的船身表面镀有铜层，很难钻孔来固定炸药包。

很快潜艇就有了改进。1864 年 2 月，美国内战期间，南部同盟的"汉姆利"号将北方军队的"萨托尼克"号击沉。不幸的是，"汉姆利"号之后也沉没了。

1864 年的"汉姆利"号潜艇。

通气阀

鱼雷

转动螺旋桨的水手

1779 年，美法战船"好汉理查"号与英国海军背水一战后在英国北部海岸附近沉没。

1790 年，"忒勒马科斯"号载着法国贵族的珍宝沉没，这些贵族因为法国大革命不得不逃离法国。

1806 年，西班牙珍宝船"波利切"号在逃避拿破仑领导的法国海军攻击时在厄尔巴岛附近沉没。

从爱尔兰开往英格兰的荷兰商船"则里列"号在西西里岛附近失事。

大帆船"梅赛德斯"号被英国海军炸毁，船只的残骸和船上的货物从此无处可寻。

1806 年，从直布罗陀开往马耳他的英国战船"雅典娜"号在西西里岛附近触礁沉没。

1798 年，尼罗河战役期间，法国旗舰"东方"号在阿布基尔海湾被英国海军上将尼尔森领导的舰队炸毁。

英国

法国

西班牙

地中海

黑海

前装火炮

　　18 世纪的海军大炮都是前装火炮：沿着炮筒把火药塞进去，用毛毡填料固定，再放入炮弹，塞入更多毛毡填料。准备就绪之后，点燃导火索，发射炮弹。

火柴

推弹杆

前装火炮

反冲拉绳

海上传说

海怪(也可能只是海风)相当危险。

大海上的事物总是给人似是而非的错觉。想象一下,时间回到1492年,你是哥伦布的手下,即将登上驶往西班牙的船。哥伦布没有告诉你具体的航海计划,但你很清楚此行艰难。你会去到人迹罕至的海域。那么你会发现什么? 还能顺利返航吗? 每时每刻都需提防各种各样的危险,抬头看太阳,却被闪得睁不开眼,没有食物,缺少睡眠,此刻的你会产生幻觉吗?你看到的真的只是幻觉吗?

海上神话

远在哥伦布起航之前,古希腊人就曾乘着桨帆船去探索地中海。在古希腊神话中,特洛伊战争结束后,奥德修斯在海上漂泊了整整十年才回到家。是因为他的航海技术不精? 还是因为他在海上遇到了难题?据神话记载,在西西里的海岸边住着一群名叫塞壬的女妖(下图),这些女妖能用自己的歌声迷惑来往的水手,让他们船毁人亡。但在现实中,水手往往是因为撞上岩石才发生意外,而不会被所谓的歌声迷惑。

奥 德 修 斯 的 航 行

真实的海怪？

很多所谓的海怪都是早期的水手想象出来的，但情况并非都是如此。重达120吨的蓝鲸对于哥伦布"圣玛利亚"号（重100吨）上的船员来说就真是"海怪"了。

不可思议！

有些海怪在现实和神话中都存在。巨乌贼就是很好的例子，虽然没有人活捉过它。巨乌贼圆锥形的身体长达6米，触手甚至更长，说出来恐怕都没人相信！

巨乌贼

长达6米！

巨妖克拉肯

克拉肯的传说

关于克拉肯的传说可能源于人们对八爪鱼和巨乌贼的混淆。传说克拉肯（左图）会用它长而有力的触手缠住过往的船只，把船员拖入深不见底的海里。不过，随着长途航行的增多，水手对海洋动物的认识也日趋完善，可怕的海怪传说也越来越少了。

奇异鬼船

"玛丽·西莱斯特"号。

无论是现代的集装箱船，还是15世纪的葡萄牙大帆船，航船跨越大西洋或者太平洋的距离都是一样的。不过，早期的航船渡海耗时更长，在意外发生时也很难及时获得援助。意外当然不可避免，关于鬼船的各种传说更是层出不穷。有时候，所谓的"鬼船"只是一般的船偏离了原定的航线，后来又在别处被人发现而已。但情况并非总是如此。

冰冻13年！

寒冰悬案？

并非所有传说都与鬼船有关。传说在 1761 年，"奥克塔维厄斯"号从英格兰驶向中国的途中来到了西北航道。没有导航，也没有通信技术，意外就这样发生了。这艘船消失了整整 13 年。后来等到 1775 年，船被找了回来。但人们惊奇地发现，船上的人都被冻住了，早就成了冰人。

客人来了不应该相待如宾吗……

我怎么感觉是相待如"冰"啊！

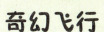

神秘的飞翔的
"荷兰人"号。

奇幻飞行

飞翔的"荷兰人"号可以说是最脍炙人口的海上传说了。故事虽然有很多版本，但基本的骨架都是一样的：一个荷兰的船长受到诅咒，终身都漂泊在海上，直到找到他的真爱才能获得自由。每过 6 年，他就能从海上回到陆地，去寻找真爱。故事的多个版本里唯一不变的是船长的国籍——荷兰人——可见荷兰人都是航海能手。

"玛丽·西莱斯特"号。

"玛丽·西莱斯特"号

"玛丽·西莱斯特"号是一艘真实存在的船只，船上的人也都是真实的。1872 年 11 月 5 日，本杰明·布里格斯船长带着妻女和 7 个船员从纽约出发。20 天后，他们朝着亚速群岛的南部前行。到了 12 月初，另一艘过往的船只发现"玛丽·西莱斯特"号上有异样，于是就派人上船看看。出乎所有人的意料，船上空无一人，也没有劫掠和火灾的痕迹，只是船上的小船都不见了。船上到底发生了什么？这到现在仍然是未解之谜。

捕鲸船"埃塞克斯"号

梅尔维尔小说《白鲸》里鲸鱼的尾巴。

早在10世纪,欧洲人就开始捕鲸了。从那之后,这项刺激而又残忍的活动开始在全世界遍布开来。起初,体型庞大的鲸鱼和全副武装的小船、手持鱼叉的水手似乎还势均力敌。但如今,大型捕鲸船和杀伤力极大的猎枪让鲸鱼无处可逃,鲸鱼的数量也越来越少。很少有鲸鱼会反抗和报复,但在1820年,一头抹香鲸攻击了捕鲸船"埃塞克斯"号,船最终也沉没了。小说家赫尔曼·梅尔维尔正是受了这些故事的启发,写下了他最著名的小说《白鲸》。小说讲述了被白鲸咬掉一条腿的亚哈船长为自己报仇的故事。

鲸鱼反击!

"埃塞克斯"号失事一周之后,一群幸存的船员又遭到了鲸鱼的攻击。一头虎鲸袭击了他们逃生时乘坐的小捕鲸船。所幸的是,这一次船没有沉。

它们叫"虎鲸",可不是浪得虚名!

"埃塞克斯"号的困境

"埃塞克斯"号
受到鲸鱼猛烈撞击。

一艘捕鲸船被虎鲸攻击。

幸存的船员发现
亨德森岛但没有停留。

一艘船
被"印第安"
号大船救起。

船队在暴
风雨中分散，
一艘船失联。

第三艘船
在 1821 年 2 月
23 日获救。

太平洋

合恩角

1820 年，"埃塞克斯"号在南美洲沿岸漂流的路线。

1820 年 11 月 20 日，捕鲸船"埃塞克斯"号受到抹香鲸攻击而失事。虽然船员乘坐三艘小捕鲸船成功逃生，但船上的粮食不多。在太平洋上滞留数月之后，没有淡水和食物的船员已经饿到失去人性，把目光投向了同船的战友。最终在 1821 年 2 月，两艘船获救——20 名船员中仅有 8 人生还。

1781 年，英国人开始在南太平洋捕鲸，美国人紧随其后。南极冰冷的海流带来了大量磷虾，正是这些磷虾吸引了大量鲸鱼前来。

1820 年，一头抹香鲸攻击"埃塞克斯"号。

43

全速前进！

"弗里德里希·威廉"号，早期的蒸汽客船。

东印度商船一家独大的局面只维持到19世纪晚期。帆船所依靠的风力始终是个不稳定因素。而18世纪末问世的蒸汽机恰好能保障稳定而高效的能量供给——虽然最初蒸汽机的表现也不尽如人意，蒸汽船还是离不开船帆。但在1838年，蒸汽船"天狼星"号首次跨越了大西洋。改良后的蒸汽机和铁制船身（原本是木制）紧跟其后，就此开创了现代航海的新纪元。

1890年，"弗雷德里克"号邮轮在比斯开海湾附近沉没

"泰坦尼克"号
（详见48—51页）

1956年，"安德利亚·多利亚"号与"斯德哥尔摩"号相撞，在纽约附近失事。

1852年，首航的"亚马孙"号因引擎过热，在比斯开海湾起火。

南美洲

1892年，装着金银的蒸汽船"约翰·埃尔德"号在智利附近失联。

南大西洋

现在船速多少？

大概每小时22.5海里！

20世纪早期，大型邮轮就已经载着成千上万名乘客跨越大西洋了。其中最有名的要属美国白星航运公司的"泰坦尼克"号。"泰坦尼克"号还没下海之前就被认为是"永不沉没之船"。

1915年，德国U型潜艇将"路西塔尼亚"号邮轮击沉，大约1200人遇难。

1922年，半岛东方邮轮公司的"埃及"号在雾中与另一艘船相撞后沉没。

1928年，载着两吨黄金的"亚洲王子"号在从洛杉矶到日本的途中消失。

欧洲

亚洲

1869年，"卡纳提克"号在红海触礁，所幸大多数货物被打捞出来。

中国南海

非洲

1862年，载着沙金和金币的"克里奥帕特拉"号在塞拉利昂的一条河里沉没。

半岛东方邮轮公司的"马拉巴"号装载着1080箱金条，于1860年在斯里兰卡附近失事。

印度洋

澳大利亚

1895年，"卡特山"号遭到飓风袭击，在澳大利亚触礁，船上载着当时价值11000英镑的纪念金币——现在价值估计高达上百万英镑。

1915年，U型潜艇（下图）将"路西塔尼亚"号邮轮击沉，由此可见战时潜艇对海上船只的威胁不可小觑。

德国U型潜艇。

冰山出没！

像"泰坦尼克"号这样的大西洋航线快速班轮利润很高。

在20世纪早期，各家航运公司竞争激烈，都号称拥有最现代、最豪华的邮轮。这些"移动的海上宫殿"载着全世界最富有的乘客，往返于欧洲和北美洲之间。当然，在船上的还有那些心怀"美国梦"的欧洲穷人。邮轮之最"泰坦尼克"号于1912年4月10日首航驶往美国。

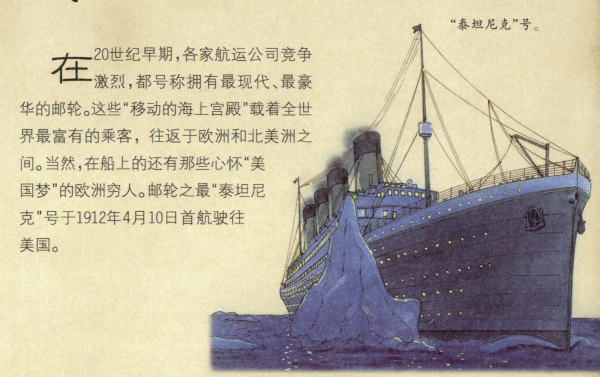

"泰坦尼克"号。

出师未捷身先死

看不见的危险

"泰坦尼克"号在建造时执行了最高的安全标准，所有人都以为万无一失。然而，在4月14日晚上11点40分，瞭望员发现船的前方有冰山阻挡，船于是调整方向，躲过一劫。但出人意料的是，冰山在水下的一段冰柱正好刺中了"泰坦尼克"号的船身，划出了一条长达90米的裂缝，戳穿了船内六个水密舱。"泰坦尼克"号的厄运已经无法扭转。

随着冰的融化，冰山会上下翻转，露出水下颜色相对更深的冰块。而这些深色的冰块在黑夜里很难被人发现。和"泰坦尼克"号失事的相关调查显示，这确实是沉船的原因之一。

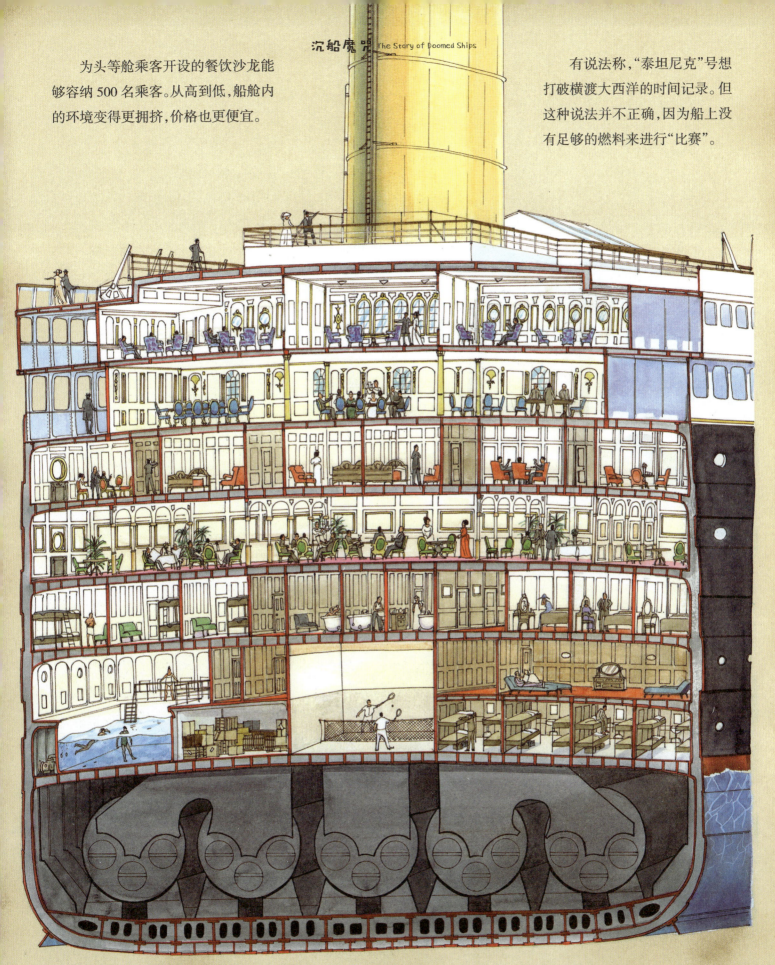

为头等舱乘客开设的餐饮沙龙能够容纳 500 名乘客。从高到低,船舱内的环境变得更拥挤,价格也更便宜。

有说法称,"泰坦尼克"号想打破横渡大西洋的时间记录。但这种说法并不正确,因为船上没有足够的燃料来进行"比赛"。

可惜的是,要是"泰坦尼克"号在发现冰山时没有转弯,而是正对着撞了上去,船上的伤亡和损失可能会小得多,船也不会沉没。

"伤亡惨重"

美国白星航运公司的旗帜。

"伤亡惨重"——这是伦敦报纸关于"泰坦尼克"号沉没的头版头条。这样的说法丝毫没有夸张：船上2201名乘客，仅有712人通过救生船逃生，之后登上第一艘到达事故现场的"卡帕西亚"号。其余的乘客或者被困在船内无法逃生，或者在大西洋冰冷的海水里被活活冻死。要是船上有更多的救生船，逃生的人可能不止这些。但救生船的数量仅仅达到了规定的标准，最多只能容纳1178人。而事故发生后，救生船几乎都没有坐满。在这场灾难之后，法律规定，船上必须有足够数量的救生船来容纳所有乘客。

"泰坦尼克"号沦陷

说好的"永不沉没"呢！

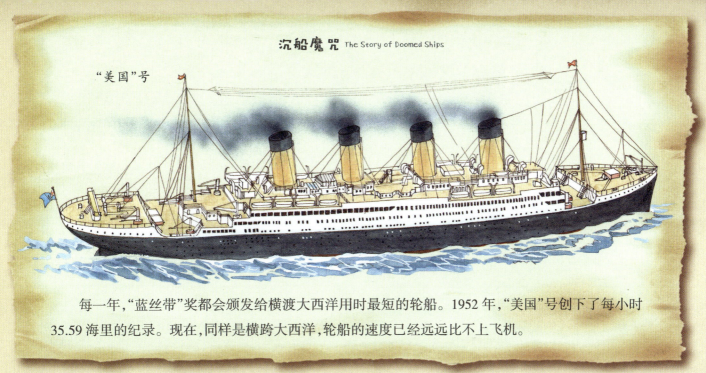

"美国"号

每一年,"蓝丝带"奖都会颁发给横渡大西洋用时最短的轮船。1952 年,"美国"号创下了每小时 35.59 海里的纪录。现在,同样是横跨大西洋,轮船的速度已经远远比不上飞机。

"泰坦尼克"号的最后时刻

晚上 11 点 45 分

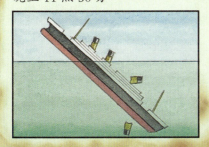

晚上 11 点 50 分

晚上 11 点 45 分,海水从右舷的裂缝倒灌进船头,使船变得"头重尾轻"。

晚上 11 点 50 分,船头下沉,船尾上翘。

临近午夜,船身因无法支撑船尾的重量而断成两截。

不一会儿,船头沉没,船尾崩裂,直立在海上。

凌晨 2 点 20 分,船尾沉没,"泰坦尼克"号彻底消失。

凌晨 4 点,"卡帕西亚"号到达事故现场,营救生还者。

午夜

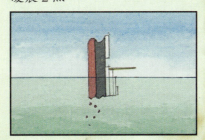

凌晨 2 点

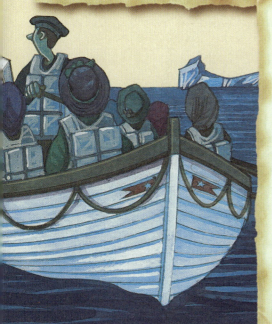

毫无必要的拖延

没人认为"泰坦尼克"号会沉没,所以意外发生的时候,船员并不急着启动救生船,乘客也不急着登上救生船。很多船还没等坐满就出发了,所幸海上风平浪静,他们总算得救。

消失深海?

"泰坦尼克"号沉没的海域有 4000 米之深。沉船的残骸还能找得回来吗?1985 年 9 月 1 日,一群法国和美国的科学家乘着潜艇到深海研究沉船的残骸,从各个角度获取影像资料。但唯有一处致命伤他们看不见——冰山划开的船体右舷裂缝被压在船头下面。在那里,恐怕还藏着一个未解之谜。

开往两极

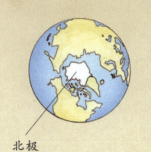

北极

到了19世纪末，地理学家已经划定了北极和南极的边界。但尚未有人到过两个极点。毫无疑问，这样的科考探险花费巨大，除了政府恐怕无人能够负担得起——所幸政府愿意出钱。后来，各个国家甚至都开始相互竞争，比谁最先到达两极，以此来表达民族自豪感，彰显国力。

"破冰"之旅？还有比这更离谱的事情吗！

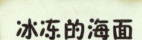

冰冻的海面

两极科考的风险巨大。糟糕的天气无法预测，厚厚的冰层更是危机四伏，尤其对木船来说。等到夏天，两极的冰层会稍稍融化一点，然后开裂，船就能继续前进，离目的地更近。但融化的冰层很快又会重新结冰，所以如果船不及时开走，或是被困原地，就会受到冰川的挤压，慢慢被摧毁。

DISCOVERY

"发现"号

引擎

锅炉

斯科特
的船舱

燃料库

船员舱

厨房

加固的抗冰船头

罗伯特·法尔孔·斯科特

厄内斯特·莎克里顿

罗伯特·法尔孔·斯科特

1901 年,罗伯特·法尔孔·斯科特船长领导第一支英国科考队去往南极。1904 年,他安全返回,获得了许多关于南极大陆的信息。在他的第二次科考(1910—1912 年)中,他好不容易到达了南极点却发现挪威的探险家劳尔德·阿蒙德森在一个月前就到过那里了。恶劣的天气将他们困在冰天雪地里,令他们寸步难行,无法回到科考船上(上图的"发现"号)。最终,他和整个团队筋疲力尽,在极寒中慢慢死去。

厄内斯特·莎克里顿

厄内斯特·莎克里顿参与了斯科特的第一次南极科考。1909 年,他带领自己的团队前往那里,但因为种种原因不得不在到达南极点之前就折返。1915 年,他率领的航船"忍耐"号被困在冰里,他和五名船员不得已只好下船求救——他们在极端天气里艰难跋涉,走了整整 1300 公里。1922 年,莎克里顿死于第四次南极科考途中。

新挑战

北极只是一大块漂浮在海面上的冰层,而南极则是一块实实在在的陆地。对当时致力于科考的欧洲国家来说,抵达遥远的南极比到达北极要困难得多。

南极

51

海狼来袭

U 型潜艇指挥官的帽子。

自 1864 年"汉姆利"号击沉敌船以来，水面船舶始终需要提防来自水下的危险。在两次世界大战中都用到的潜艇对像英国这样的粮食进口大（岛）国来说更是致命的威胁。U 型潜艇被称为"海狼"，因为这些潜艇就像狼一样成群出动。但盟国也有潜艇，于是水下战争就这样开始了。

1941 年，"盖亚索帕"号在爱尔兰附近被 U 型潜艇击沉，仅有一人生还。

"大帝国"号（上图）在船队中和其他船相撞。

1944 年，日本潜艇 I-52 号在大西洋沉没，可能是受到了美国空军投下的深水炸弹的攻击。

南美洲

南大西洋

专业"沉"船

第二次世界大战期间，为了安全，商船经常组成船队出航。掉队的船只更容易受到潜艇攻击。

一艘 U 型潜艇

鱼雷

掉队的船只更容易受到袭击。

苏联

1942年，载着苏联黄金的"爱丁堡"号被U型潜艇击沉。

1945年，装着锡、钨和橡胶的日本商船"阿波九"号被美国潜艇击沉。

亚洲

欧洲

1944年，美国自由轮"约翰·巴瑞"号在驶往印度途中被鱼雷击沉。

1942年，美国把大量白银藏在马尼拉海湾，避免被日本人发现。

1942年，"开罗"号受到鱼雷攻击。生还者都是印度的难民，他们在海上漂泊了几个星期。

中国南海

非洲

印度洋

1944年，装着两吨黄金（待考证）的日本商船"月岛"号被荷兰人用鱼雷击沉。

澳大利亚

深水炸弹

"刺猬弹"（左图）是二战期间专门研制出来对抗U型潜艇的深水炸弹。这种炸弹有24个炮管，能同时发射，打击潜艇。

1940年，"尼亚加拉"号载着加拿大的黄金触到了水雷，在新西兰北岛附近沉没。

空袭降临

潜艇四联高射炮。

第二次世界大战期间，航船面临着上下夹击。二战使用的飞机和潜艇比一战使用的军舰精密复杂得多。一战时随处可见的"铁甲舰"都被航空母舰代替。航空母舰就好像海上的飞机场，能把战斗机运到指定目标的攻击范围内进行作战。

下 方 攻 击

"刺猬弹"原本是专门研制出来对付深水潜艇的炸弹，但很快就被改良，用于浅水区作战。这样，飞机就能用它来对付靠近水面的潜艇了。

浮出水面的英国潜艇。

瞭望台

空袭 U 型潜艇。

机关枪

二战期间的潜艇都装配着机枪，以便在水面也可以作战。

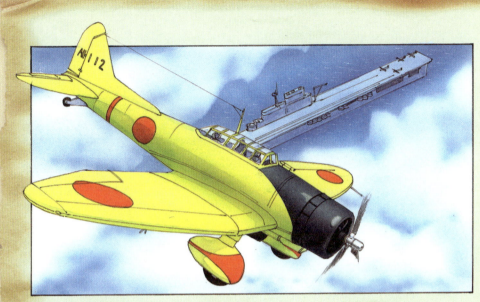

1941 年，日本空军袭击珍珠港。

珍珠港

1941 年 12 月 7 日，日本袭击美国珍珠港的太平洋舰队。正是这次袭击迫使美国加入第二次世界大战。当天早上 7 点 50 分左右，日本六艘航空母舰上的 191 架飞机飞往珍珠港。美国的"亚利桑那"号战列舰（下图）在空袭中被炸毁。

击沉"俾斯麦"号

1941 年 5 月 18 日，德国战列舰"俾斯麦"号出发去攻打英国的大西洋船队。英国派了两艘巡洋舰"诺福克"号和"索福克"号跟踪"俾斯麦"号，两艘船在北大西洋进行军事演习。"俾斯麦"号击沉了英国的"胡德"号，但其船身受到三次打击，损失了 1000 吨燃料。

5 月 26 日，英国航空母舰"皇家方舟"号上的战斗机摧毁了"俾斯麦"号的船舵。

5 月 27 日，英国战舰"罗德尼"号和"乔治五世"号向敌船开炮。"俾斯麦"号被一枚鱼雷击中后沉没，船上 110 名船员获救。

1941 年，"亚利桑那"号被击沉。

"俾斯麦"号

剑鱼式攻击机

剑鱼式攻击机专门攻打"俾斯麦"号，保护了盟国的船只。

现代灾难

羽毛粘上石油的海鸟很难存活。

如果没有石油，生活也会变得大不一样。汽车、空调或集中供暖、燃气、电、药品、布料……人类的生产和制造根本离不开石油。但石油必须从中东的生产国出口转运到世界各国。超级油轮能装载超过400000吨石油。船越大，储油越多，但发生事故造成的后果也越严重。

破 坏 环 境

如今的大轮船在海上航行需要大量的燃油。一旦轮船触礁，就会发生燃油泄漏事故，污染海洋环境。燃油比原油更轻，但对海鸟和海边的居民来说，无论哪种油泄漏，都会带来灾难性的后果。

油轮"埃克森·瓦尔迪兹"号。

石油污染

1989年3月，油轮"埃克森·瓦尔迪兹"号在阿拉斯加威廉王子海峡搁浅。4100万升石油泄漏，污染面积达1930平方千米。

"美国之星"号

1994年，"美国之星"号（左图）在富埃特文图拉岛附近搁浅。当时船正被拖往泰国，但船缆意外断裂——船撞上岩石后一分为二。

现代谜团

2007 年，12 米长的双体船"卡兹"二号在距离西澳海岸 160 千米的地方被发现。船上没有生命的迹象，目击船员决定上船看看。船上空无一人，但不久前"卡兹"二号起航时船上有三名船员。他们在哪儿？到底发生了什么？没人知道答案。

"卡兹"二号

造于 1869 年的"卡蒂萨克"号是后来比较少见的从远东运茶叶到欧洲的快速帆船。

不幸的是，"卡蒂萨克"号于 2007 年 5 月在干燥的伦敦格林尼治维修时意外失火。所幸维修前船上许多设施都被搬了下来。

"卡蒂萨克"号剖面图。

找寻残骸

深海潜水器(下图)的潜水能力比其他任何潜水设备都强。潜水器的球形舱内壁镀有钛层或加厚钢层来抵抗深海巨大的压强。

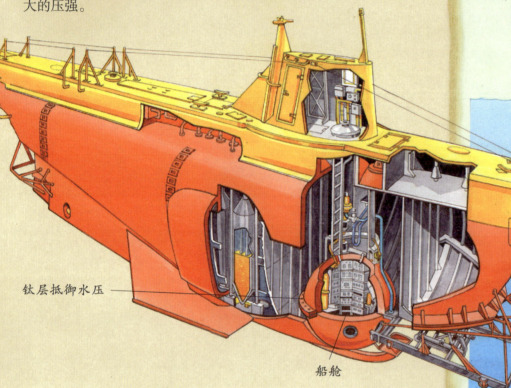

钛层抵御水压

船舱

潜水设备的"母舰"把潜水器送到指定下潜地点。

"潜水碟SP350"号

"西安纳"号

"阿尔文"号

"新海"号

"鹦鹉螺"号

1959年的"潜水碟"。

似乎所有传说中的沉船上都装满了珍宝。有些确实是的,有些并非如此。发现沉船还得依靠现有的技术:沉船越深,耗时越长。(打捞沉船又是另外一大难题!)即使是像"玛丽·罗斯"号和"瓦萨"号这样在众目睽睽之下或者紧邻海岸沉没的船只,也会因为深埋海底而消失几个世纪。但古往今来,寻宝的魅力一直吸引着世人冒险一探究竟。当然,每个人对宝藏的定义不同。对考古学家来说,从上面两艘沉船以及从地中海地区古希腊和古罗马沉船上获得的信息远比金银财宝来得珍贵。

不同设计的潜水器能够下潜的深度不同。随着下潜深度的增加,需要工程设计师解决的问题也越来越多。1960年,"的里雅斯特"号之"弗恩斯"三号深潜器下潜到马里亚纳海沟水下10916米的深海。马里亚纳海沟是太平洋的最深处,太平洋是地球上最深的海域。

"的里雅斯特"号

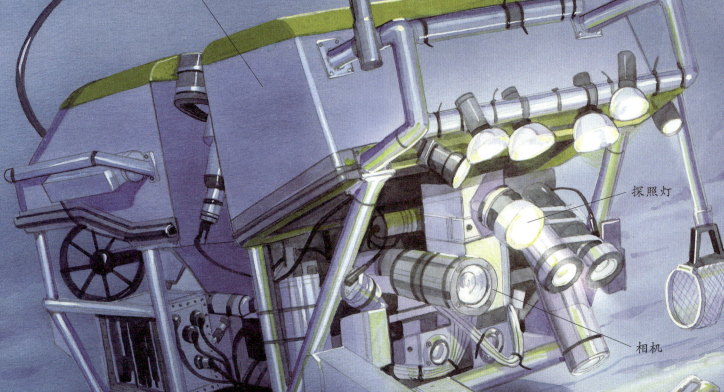

海底探险

用于海底探险的潜水设备同样能用于搜寻失事残骸，尤其是深埋海底的沉船。"泰坦尼克"号的残骸就是用这样的方法在 1985 年被发现的。水下机器人"小杰森"受到"阿尔文"号船员的遥控，成功地进入沉船内部，完成探索任务。

"阿尔文"号

连接"小杰森"和"阿尔文"号的缆线

水下机器人"小杰森"

探照灯

相机

手柄和钳夹

术语列表

Allies 盟国,指通过缔结条约结成同盟的国家。

amphora 双耳细颈赤陶罐,罗马酒瓶。

astrolabe 星盘,测量船只所在地纬度的工具。

bathyscaphe 深海潜水器,下潜到深层海域的潜水设备。

bow 船头。

bowsprit 船首斜桁,一根伸出船头、用来支撑前桅的长杆。

carrack 十四五世纪的西班牙大帆船。

catamaran 双体船,有两个相连船身的船只。

chart 海图,航海图。

clipper 快速帆船。

colony 殖民地,被其他国家剥夺了政治、经济的独立权力,并受其控制和掠夺的国家和地区。

cross-staff 测天仪,通过与地平线和星星位置的对比来确定船只位置的木制工具。

East Indiaman 东印度商船,18 世纪东印度公司使用的大型商船。

fire ship 火攻船,点燃后驶入敌方船队内部以扰乱其秩序的船只。

flagship 旗舰,舰队的领航船。

forecastle 船首楼,船头高筑平台,用于作战或住宿。

frigate 小型护卫舰,过去的单层甲板帆船;现在的猎潜艇。

galleon 16 世纪的大帆船。

galley 靠划桨来驱动的船;船上的厨房。

hull 船体,船身和甲板。

ironclad 铁甲舰,19 世纪至 20 世纪初期的装甲军舰。

keel 龙骨,像脊椎和肋骨那样起支撑和承重作用的构建。

knot 节,航海速度单位。

Liberty ship 自由轮,美国二战时大量建造的一种万吨商船。

maiden voyage 处女航,首航。

piece of eight 八里尔银币,西班牙历史上一种珍贵的硬币。

pirate 海盗,海上的强盗。

port 左舷,船的左侧。

privateer 私掠者,一般有政府颁发的许可证。

ransom 赎金,用于赎回人质所给的钱。

rigging 索具,固定桅杆和船帆的绳索。

silt 淤泥,海底颗粒十分细密的泥土。

sloop 单桅帆船,快速而小巧的单桅航船。

Spanish Armada 西班牙无敌舰队,1588 年被西班牙国王菲利普二世派去攻打英格兰的舰队。

starboard 右舷,船的右侧。

stern 船尾,船的尾部。

submersible 潜水器,下潜后能被其他轮船救起的迷你潜艇。

U-boat 潜艇,德语"Unterseeboot"的缩写(编注:也指第一、二次世界大战的德国潜水艇)。